Conni dest bi dibistanê dike

I0816985

Conni kommt in die Schule

Çîrok Geschichte
Liane Schneider

Wêne Bilder
Eva Wenzel-Bürger

Werger Übersetzung
Abdullah Incekan

Conni hê diçe bexçeyê zarokan, lê êdî ne pirr zêde! Lewra piştî demeke kurt Conni dê biçe dibistanê. Vê sibehê di rojnameyê de jî dinivîse. Dayê bi dengê bilind dixwîne: Divê meriv hemû zarokên ku heta hezîranê dibin şeş salî li dibistanê qeyd bike. Conni dipirse: "Min jî?" Dayê serê xwe dihejîne: "Belê, ji xwe tu di nîsanê de dibî şeş salî." Dûre ji dibistanê nameyek tê ku tê de roj û saetên qeyda dibistanê û kaxezên divê dayê bi xwe re bibe, hatine nivîsîn.

Conni geht noch in den Kindergarten. Aber nicht mehr lange! Bald wird Conni nämlich in die Schule gehen. Heute Morgen steht es in der Zeitung. Mama liest es laut vor: Alle Kinder, die vor Anfang Oktober sechs Jahre alt werden, muss man in der Schule anmelden. „Mich auch?", fragt Conni. Mama nickt: „Ja, du wirst ja schon im April sechs Jahre alt." Später kommt auch ein Brief von der Schule, in dem genau drinsteht, wann die Anmeldezeiten sind und was Mama mitbringen muss.

Conni hê nizane ka ew ji bo dibistanê şa bibe yan na. Gava mamoste yekî bi hêrs be, wê çi bike? Mîna ku Conniyê carekê di televîzyonê de dîtibû. Dibe ku baştir be ew hê jî biçe bexçeyê zarokan? Lê bavo dibêje: Êdî mamosteyên mîna yên di fîliman de tunene. Dayê jî lê vedigerîne: "Û ji bilî vê jî divê tu xwendinê hîn bibî. Hingê tu dikarî êvaran ji Yaqûb re çîrokan jî bixwînî." Ev fikir li xweşa Conniyê diçe.

Conni weiß noch nicht, ob sie sich auf die Schule freuen soll oder nicht. Was ist, wenn ihre Lehrerin ganz streng ist? So wie Conni es einmal im Fernsehen gesehen hat. Vielleicht sollte sie doch lieber weiter in den Kindergarten gehen? Aber Papa sagt, dass es solche Lehrerinnen wie in dem Film heute gar nicht mehr gibt. „Und außerdem willst du doch lesen lernen", meint Mama. „Dann kannst du nämlich Jakob die Gute-Nacht-Geschichte vorlesen." Die Idee findet Conni prima.

Serê sibeha pêncşemê dayê û Conni, Yaqûb dixine erebeya zarokan û diçin dibistanê. Lewheyek nîşan dide ka ew bi kîjan aliyî ve biçin. Dayîkek bi cêwiyên xwe re li pêşiya wan e. Herdu jî wek hev dixuyên. Conni difikire ka gelo wê werin sinifa wê yan na? Welleh komîk e.

Am Donnerstagmorgen packen Mama und Conni Jakob in den Kinderwagen und gehen zur Schule. Ein Hinweisschild zeigt, wohin sie gehen müssen. Eine Mutter mit Zwillingen ist vor ihnen dran. Die beiden sehen völlig gleich aus. Conni überlegt, ob sie wohl in ihre Klasse kommen? Das wäre lustig.

Divê dayê formeke bi gelek pirsan tijî bike. Conni ji sekretera dibistanê, ji Müller xanimê re dibêje, ew dixwaze bila miheqeq hevala wê Julia jî di sinifa wê de be. Müller baş vê daxwaza Conniyê di forma qeydê de not dike. Ji nişka ve dengekî zîz yê zengil tê. Conni vediciniqe. Müller xanim dibêje: "Ev zengilê bêhnvedanê ye." Niha hemû zarok dikarin li hewşa dibistanê bilîzin.

Mama muss bei der Anmeldung einen Zettel mit vielen Fragen ausfüllen. Conni erzählt der Schulsekretärin, Frau Müller, dass sie unbedingt mit ihrer Freundin Julia in eine Klasse möchte. Die nette Frau Müller schreibt das auf Connis Anmeldebogen. Plötzlich schrillt laut eine Klingel. Conni zuckt zusammen. „Das ist die Pausenklingel", erklärt Frau Müller. Jetzt dürfen alle Schulkinder auf dem Pausenhof spielen.

Auf dem Rückweg zum Ausgang stehen viele Türen offen. Neugierig sieht Conni hinein. Alle Klassenzimmer haben vorne eine Tafel und meist auch eine an der Seite. Hinten sind fast immer Regale mit Büchern und Spielen. Die Tische stehen mal in Gruppen, mal in einer Runde und einmal auch in Reihen hintereinander. An den Wänden hängen bunte Bilder.

Wexta ku dixwazin ji mektebê derkevin, Conni dibîne ku gelek derî ser piştê vekirî ne. Ew bi mera li hundir dinihêre. Di hemû sinifan de li aliyê pêşiyê texteyek heye û bi pirranî jî li kêleka wî, texteyekî din jî heye. Li aliyê dawiyê bi piranî refikên kitêban û pêlîstok hene. Hemû kursî yan wek xelekekê hatin danîn, yan jî li pey hev hatine rêzkirin, hin ji wan jî wek yên grûbê rûbirû ne. Bi dîwaran ve resim daliqandî ne.

Di hin sinifan de li ber hin pencereyan kulîlk hene û tew di yekê de akvaryumek jî heye. Dibistan gelekî li xweşa Conniyê diçe. Ji nişka ve cardin zengil lêdixe. Hemû zarok ji hewşa dibistanê hicûmî hundir dikin. Conni xwe bi dayê ve dizeliqîne da ku kes lê neqelibe.

In manchen Klassen gibt es Blumen auf der Fensterbank und in einer steht sogar ein Aquarium. Conni gefällt es in der Schule richtig gut. Plötzlich klingelt es wieder. Alle Kinder kommen vom Schulhof hereingestürmt. Conni drückt sich eng an Mama, damit sie nicht umgerannt wird.

Demeke şûnde divê Conni ji bo kontrolê biçe doxtor, kontrolê. Doxtorek wê muayene dike ka Conni baş dibîne û dibihîze yan na. Doxtor Conniyê dipîve û wê diwezinîne ka çiqasî dirêj e û çend kîlo ye? Îcar jî divê Conni li ser lingekî hetanî cem dayê xwe hilbiavêje û li ser tiliyan û li ser pehniya xwe biçe. Conni hema hetanî hinda derî xwe hildiavêje, lewra ew vê baş dikare. Û divê ew resmekî jî çêbike: Xaniyek û zarokekî. Di dawiyê de biryar tê dayin: Conni dikare biçe dibistanê.

Einige Zeit später muss Conni zur Schuluntersuchung. Eine Ärztin prüft, ob Conni gut sehen und hören kann. Conni wird gemessen und gewogen. Dann soll sie auf einem Bein bis zu Mama hüpfen und auf Zehenspitzen und auf den Fersen gehen. Conni hüpft gleich weiter bis zur Tür, denn hüpfen kann sie sehr gut. Und sie soll malen: ein Haus und ein Kind. Schließlich steht fest: Conni kommt in die Schule!

Rojeke şemiyê dîsa ji dibistanê nameyek tê. Vê carê ji mamosteya Conniyê ya nû. Navê wê mamoste Sommer e. Conni diçe sinifa 1b. Ew di cî de telefonî Juliayê dike.

An einem Samstag kommt wieder ein Brief von der Schule – diesmal von Connis neuer Lehrerin. Sie heißt Frau Sommer. Conni kommt in die Klasse 1b. Sie ruft sofort Julia an.

Ji Juliayê re jî nameyek hatiye.
Sinifa 1b ji wê re jî ketiye.
Conni ji şabûna diqêre.
Daxwaza wan hat cî,
ew diçin sinifekê.

Julia hat auch einen Brief bekommen. Sie kommt auch in die 1b. Conni jubelt. Es hat geklappt, sie gehen in eine Klasse!

Di nameyê de lîsteya melzemeyên ji Conniyê re lazim, heye. Dayê pê re diçe ku wan tiştan bikire: Qutiyeke rind a boyaxê, firçe, qelem, defterên nivîsê û yên matematîkê, deftera resman, hevîrê listîkê û gelek tiştên din. Li malê Conni li ser her tiştî navê xwe dinivîse, lewra ew êdî dizane navê xwe çawa binivîse.

In dem Brief ist auch eine Liste mit all den Sachen, die Conni braucht. Mama geht mit ihr einkaufen: einen schönen Malkasten, Pinsel, Wachsmalstifte, Schreiblernhefte, Rechenhefte, Mappen, einen Malblock, Knete und vieles mehr. Zu Hause schreibt Conni auf alle Sachen ihren Namen, denn den kann sie schon schreiben.

Jê re çenteyek jî lazim e. Wî jî pîrika wê Frieda didê; yekî bi stêrkan xemilandî. Di hundirê wî de jî surprîzek heye: Tûrikê sporê, kîsikê qeleman tevî gelek qelem û çentikekî milan. Tev jî bi desenê stêrkan. Conni hemû tiştên xwe yên dibistanê bi kêfxweşî dicivîne. Bê sebir li hêviya roja pêşîn a dibistanê ye.

Sie braucht auch noch einen Ranzen. Den bekommt sie von Oma Frieda – einen mit ganz vielen Sternen drauf. Drinnen ist noch eine Überraschung: ein Turnbeutel, ein Etui mit vielen Stiften und eine kleine Umhängetasche, alles mit dem gleichen Sternmuster wie der Ranzen. Glücklich räumt Conni sofort alle Schulsachen ein. Voller Ungeduld wartet sie auf den ersten Schultag.

Dawiya dawîn ew roj tê: Hê berî taştê hin kes li zengilê wan dixin. Dapîra Marianne û kalikê Willi li ber derî ne. Dixwazin roja pêşîn a çûyina dibistanê bibînin. Mixabin dapîra Frieda nikare were, nexweş e. Piştî ku bi hev re taştê dixwin, Conni diyariya xwe ya di kumik de digre. Pir giran e. Conni dixwaze hema niha mêze bike ka çi di hundirê wê de heye; lê divê ew hê bisekine. Bavo resmekî wê bi çente û kumik digre. Dayê, Yaqûb dixe erebeya zarokan. Paşê bi rê dikevin.

Endlich ist es so weit. Noch vor dem Frühstück klingelt es an der Tür. Oma Marianne und Opa Willi stehen davor. Sie wollen Connis ersten Schultag auch miterleben. Oma Frieda kann leider nicht kommen. Sie ist krank. Als alle mit dem Frühstück fertig sind, bekommt Conni ihre Schultüte. Die ist ganz schön schwer. Conni würde am liebsten gleich nachsehen, was darin ist, aber sie muss damit noch warten. Papa fotografiert Conni mit Schultüte und Ranzen. Mama packt Jakob in den Kinderwagen. Dann gehen sie alle los.

Hewşa dibistanê xweşik hatiye amadekirin. Li pêşiya dikê gelek kursî û bank hene. Gelek dêûbav û zarok hatine, lê dîsa jî li ser bankekê çend ciyên vala hene. Conni dêûbavên xwe kaşî wir dike. Rêveber axaftineke kurt dike. Zarokên sinifa çaran şanoyeke komîk dilîzin. Mijara wê ev e; yekî bi navê Kaspar, ji ber ku xwendina wî tuneye li ser bankeke nû-boyaxkirî rûdinê. Paşê ew bi hev re strana "Hemû zarok xwendinê hîn dibin" distrên.
Piştî vê, mamoste tên û gazî zarokên sinifa xwe dikin.
Tev diçin sinifên xwe.

In der Schule ist die Aula schön geschmückt. Viele Stühle und Bänke stehen vor der Bühne. Es sind schon etliche Eltern und Kinder da, aber in einer Bank sind noch ein paar Plätze frei. Dorthin zieht Conni ihre Familie. Der Rektor hält eine kurze Rede.
Die Schüler der 4. Klasse spielen ein lustiges Theaterstück vom Kasper, der nicht lesen kann und sich deshalb auf eine frisch gestrichene Bank setzt. Danach singen sie das Lied „Alle Kinder lernen lesen".
Anschließend kommen die Lehrer und Lehrerinnen und rufen die Kinder ihrer Klassen auf. Alle gehen zu ihren Klassenräumen.

Conni bi Juliayê re li maseyeke li ber pencereyê rûdinê.
Zarok hemû kumikên diyariyan datînin ser maseyê û çente jî datînin erdê.

Zusammen mit Julia setzt Conni sich an einen Tisch am Fenster.
Alle legen die Schultüten auf den Tisch und stellen die Ranzen auf den Boden.

Conni pêşî bi dîqet li mamosteya xwe mêze dike. Mamoste Sommer, yeke ciwan û devliken e. Ew dêûbavan dişîne hewşa dibistanê.

Conni sieht sich erst mal ihre Lehrerin genau an. Frau Sommer ist jung und hat ein nettes Lachen. Sie schickt die Eltern hinaus auf den Schulhof.

Pêy re ew çîroka mişkekî dibêje, yê ku berê newêre ji qula xwe derkeve, lê cardin hêza xwe dide hev û dinyayê keşf dike. Piştî vê, zarok ji refikan kaxeza ku navê wan li serê, tînin û li ser wê kaxezê mişkê rengîn çêdikin. Mamoste plana dersê belav dike. Ji niha pê ve rojê çar dersên Conniyê hene.

Dann erzählt sie eine Geschichte von einer Maus, die sich zuerst nicht aus dem Mauseloch traut und die dann doch noch Mut bekommt und die Welt entdeckt. Danach darf sich jedes Kind sein Namensschild vom Regal holen und die Maus darauf bunt anmalen. Die Lehrerin teilt die Stundenpläne aus. Conni hat nun jeden Tag vier Stunden Schule.

Mamoste xebateke ji bo malê jî dide wan. Divê ew li ser kaxezekê resmê kumikê diyariyê çêbikin.

Eine Hausaufgabe gibt es heute auch schon. Sie sollen auf einem Malblatt ihre Schultüte ausmalen.

Di dawiyê de ew tev diçin hewşa dibistanê. Wênekêşek li wir resmê hemî sinifê bi çente û kumikên diyariyan ve digre. Kî bixwaze dikare carekê resmê xwe bi tenê jî bide girtin. Helbet Conni jî vê dixwaze.

Zum Abschluss gehen alle auf den Schulhof. Dort macht ein Fotograf ein Foto von der ganzen Klasse mit ihren Schultüten und Ranzen. Wer möchte, kann sich auch noch einmal allein fotografieren lassen. Das will Conni natürlich auch.

Rojek ji mektebê qediya jî! Bi rastî jî pirr xweş bû. Conni ji niha ve ji bo roja din şa dibe, ji ber ku gava dibistanê bi rastî jî dest pê kir, ew dê hînî xwendin, nivîsîn û hesabkirinê bibe.

Schon ist die Schule für heute aus. Es hat wirklich Spaß gemacht. Conni freut sich schon auf Montag, wenn die Schule richtig losgeht und sie lesen, schreiben und rechnen lernen wird.

Dawiya dawî Conni li malê kumikê diyariyê vedike. Xwedêyo, çiqas pir tişt tê de hene! Heyf e ku kumikekî bi vî awayî, tenê di roja pêşîn a dibistanê de tê dayin!

Zu Hause darf Conni endlich ihre Schultüte auspacken. Was da alles drin ist! Schade, dass es so eine Schultüte nur am ersten Schultag gibt.